이 책을 펴내면서

방법을 알면 아름다운 글이 보입니다

　우리들 마음 속에는 아름다운 생각들이 많습니다. 이 많은 생각들을 말이나 글로 나타내어야 남들이 알 수 있습니다. 또한 남들의 생각을 듣고 읽어야 나를 돌아볼 수 있습니다.
　유태인들의 말에 이런 것이 있습니다. ' 아이들에게 고기를 잡아 주지 말고 고기 잡는 법을 가르쳐라 '
　글짓기도 마찬가지입니다. 마음 속의 생각이나 느낌을 실감나게 감동적으로 나타내는 방법을 알면 글짓기는 쉽고 재미있습니다.
　이 책에는 표현하는 방법을 설명이 아니라 보기글을 보며 직접 써 보고 스스로 알아차리게 하였습니다.
　이 책이 보인 방법은 많은 방법 중의 하나 일 뿐입니다. 다른 방법도 스스로 찾아보면 더욱 좋을 것입니다.

　　　　　　　　　　　　　　　　　　　김몽선

차 례

방법을 알면 아름다운 글이 보입니다.
일러두기

첫째 마당 - 글짓기 기초 학습

1. 낱말   6
2. 문장   9
3. 짧은 글짓기   13
4. 자세히 나타내기   17

둘째 마당 - 일기

1. 그림 일기   22
2. 생활 일기   24
3. 상상한 일기   35
4. 여행 일기   35
5. 독서 일기   36

셋째 마당 - 생활문

1. 잘된 글과 그렇지 못한 글   38
2. 글감 찾기   40
3. 글의 시작   42
4. 글의 전개   44
5. 글의 마무리   46
6. 생활문 쓰기의 실제   47

넷째 마당 - 독후감상문

1. 잘된 글과 그렇지 못한 글　52
2. 글의 시작　54
3. 글의 전개　55
4. 글의 마무리　57
5. 여러 가지 형식의 독후감상문　58
6. 독후감상문 쓰기의 실제　60

다섯째 마당 - 시 (시조)

1. 시 감상　65
2. 형식, 표현 방법　69
3. 좋은 시, 그렇지 못한 시　74
4. 남의 시 고쳐 보기　75
5. 제목, 주제, 글감　76
6. 시 짓고 고치기　77
7. 삼행시 짓기　79
8. 시조 감상, 형식　80
9. 시조 짓고 고치기　82

여섯째 마당 - 그 외의 여러 가지 글

1. 편지　85
2. 알리는 글　87
3. 주장하는 글　88

부록

1. 원고지 쓰기
2. 잘못 쓰기 쉬운 낱말
3. 틀리기 쉬운 낱말 (표준어)

일러두기

1. 교사, 학부모들은 지도서로, 학생들은 자습서로 활용할 수 있게 꾸몄습니다.

2. 학생들은 글짓기 공책을 따로 두고 학습할 수 있게 하였습니다.

3. 초등 학교 저학년을 대상으로 하였습니다.

4. 보기글은 부족하다고 생각되는 글과 잘 되었다고 생각되는 글을 함께 실어 스스로 읽고 비교 판단할 수 있게 하였습니다.

5. 필요에 따라 순서에 관계없이 해당 부문만 지도하거나 학습할 수 있게 하였습니다.

6. 기초 학습 부문은 매 시간 시작하기 전에 반복 학습하는 것이 효과적입니다.

7. 여기 보인 방법은 여러 가지 방법 중의 한 가지일 뿐입니다. 이를 바탕으로 자기 나름의 창조적인 방법을 찾아내도록 힘써야 합니다.

8. 연습 문제의 정답은 없습니다. 다양하기 때문입니다.

첫째마당

글짓기 기초 학습

1. 낱말

2. 문장

3. 짧은 글짓기

4. 자세히 나타내기

1. 낱 말

자기의 생각을 말이나 글로 잘 나타내기 위해서는 낱말을 많이 알아야 합니다. 글짓기를 잘하는 힘은 금방 길러지는 것이 아닙니다. 우선 낱말을 많이 익히는 공부를 해야 합니다.

(1) 한 음절로 된 낱말을 적어 봅시다.

1 우리 몸에서

- 눈, 코, (   ), (   ), (   ), (   ) ……

2 동물의 이름에서

- 개, 닭, (   ), (   ), (   ), (   ) ……

3 식물의 이름에서

- 쑥, 무, (   ), (   ), (   ), (   ) ……

4 그 외 여러 가지

- 책, 풀, (   ), (   ), (   ), (   ) ……

(2) 두 음절로 된 낱말을 적어 봅시다.

1 우리 몸에서

   - 머리, 얼굴, (   ), (   ), (   ) ……

2 동물의 이름에서

   - 염소, 개미, (   ), (   ), (   ) ……

3 식물의 이름에서

   - 장미, 목련, (   ), (   ), (   ) ……

4 그 외 여러 가지

   - 공책, 시장, (   ), (   ), (   ) ……

(3) 세 음절로 된 낱말을 적어 봅시다.

1 우리 몸에서

   - 손가락, 옆구리, (   ), (   ), (   ) ……

2 동물의 이름에서

   - 강아지, 금붕어, (   ), (   ), (   ) ……

③ 식물의 이름에서
- 개나리, 진달래, (   ), (   ), (   ) ······

④ 그 외 여러 가지
- 할머니, 운동장, (   ), (   ), (   ) ······

(4) 네 음절로 된 낱말을 적어 봅시다. (구별없이)

- 할아버지, 해바라기, 개똥벌레, (   ), (   )

(   ), (   ), (   ), (   )

(   ), (   ), (   ) ······

(5) 다음 물음에 답이 된다고 생각하는 낱말을 자유롭게 떠올려 보고 적어 봅시다.

<보기> 긴 것은? - 기차, 연필, 젓가락, 지렁이 등등

① 높은 것은? - (   ), (   ), (   ), (   ) ······

② 넓은 것은? - (   ), (   ), (   ), (   ) ······

③ 예쁜 것은? - (   ), (   ), (   ), (   ) ······

2. 문 장

문장이란 '어떤 생각이나 느낌을 줄거리를 세워 글자(낱말)로써 적어 나타낸 것' 입니다.

'여행, 은, 떠났습니다, 을, 아기 바람' 은 낱말을 늘어 놓은 것입니다. 이것을 줄거리에 따른 순서로 늘어 놓으면 이런 문장이 됩니다.

'아기 바람은 여행을 떠났습니다.'

낱말을 많이 익히면서 바르고 알맞은 문장을 만드는 공부도 열심히 해야 합니다. 한 편의 글(산문)은 여러 개의 문장이 이어져서 이루어집니다.

(1) 기본 문장

1 **무엇**이(가, 은, 는) **무엇**이다 ➡ 달걀이 계란이다

　　　　　　　　　　　　　　　내가 아들이다

　　　　　　　　　　　　　　　연필은 학용품이다

　　　　　　　　　　　　　　　잉어는 물고기다

▶ 위와 같은 문장을 만들어 봅시다.

- _____ 　 - _____
- _____ 　 - _____
- _____ 　 - _____

2 무엇이(가, 은, 는) 어떠하다 ➡ 사탕이 달다

무지개가 아름답다

귀신은 무섭다

고추는 맵다

▶ 위와 같은 문장을 만들어 봅시다.

- _____   - _____
- _____   - _____
- _____   - _____

3 무엇이(가, 은, 는) 어찌한다 ➡ 동생이 뛰어간다

개가 짖는다

구름은 흘러간다

할아버지는 주무신다

▶ 위와 같은 문장을 만들어 봅시다.

- _____   - _____
- _____   - _____
- _____   - _____

(2) 흉내내는 말을 넣어 문장 만들기

1️⃣ 모양을 흉내내는 말을 넣어 문장을 만들어 봅시다.

보 기
비가 <u>보슬보슬(부슬부슬)</u> 내립니다.

- 감나무에 감이 (   ) 열렸습니다.

- 거북이가 (   ) 기어갑니다.

- 아기가 (   ) 걸어옵니다.

- 봄바람이 (   ) 불어옵니다.

- 돛단배가 (   ) 떠갑니다.

- 흰구름이 (   ) 떠오릅니다.

- 알밤이 (   ) 굴러갑니다.

- 겨울 바람에 나뭇가지는 (   ) 떱니다.

- 동생이 (   ) 웃습니다.

- 언니가 (   ) 졸고 있습니다.

2 소리를 흉내내는 말을 넣어 문장을 만들어 봅시다.

보기
개구리가 <u>개굴개굴</u> 웁니다.

- 옆집 강아지가 (   ) 짖고 있습니다.

- 어머니께서 (   ) 웃으십니다.

- 동생이 (   ) 낮잠을 잡니다.

- 갓난 아이가 (   ) 울고 있습니다.

- 장난을 치다가 (   ) 거울을 깼습니다.

- 비오는 날 하늘에서 (   ) 천둥 소리가 났습니다.

- 배에서 (   ) 소리가 났습니다.

- 장대비가 (   ) 내립니다.

- 시냇물이 (   ) 흘러갑니다.

- 동생이 연못에 돌을 (   ) 던집니다.

- 아기가 방울을 (   ) 흔듭니다.

- 북을 (   ) 칩니다.

3. 짧은 글짓기

(1) 그림을 보고 한 문장의 짧은 글을 지어 봅시다.

보기

 ➡ 아파트 너머로 아침 해가 떴습니다.

 ➡

 ➡

 ➡

 ➡

(2) 주어진 한 개의 낱말을 넣어 짧은 글을 지어 봅시다.

보기   태극기 ➡ 삼일절 아침에 <u>태극기</u>를 달았습니다.

- 미끄럼틀 ➡
- 공 ➡
- 운동장 ➡
- 바지 ➡
- 너 ➡
- 우리 ➡
- 선생님 ➡
- 친구 ➡
- 머리 ➡
- 개미 ➡
- 가족 ➡
- 아버지 ➡

(3) 주어진 두 개의 낱말을 넣어 짧은 글을 지어 봅시다.

> **보기**
> 할머니, 쿨쿨 ➡ <u>할머니</u>가 **쿨쿨** 낮잠을 주무십니다.

- 아침, 어머니 ➡ _____

- 교문, 친구 ➡ _____

- 연필, 지우개 ➡ _____

- 청소, 선생님 ➡ _____

- 저녁, 아버지 ➡ _____

- 꾸중, 컴퓨터 ➡ _____

- 동생, 뒤뚱뒤뚱 ➡ _____

- 모자, 공 ➡ _____

- 인형, 선물 ➡ _____

- 산, 바다 ➡ _____

- 문방구, 용돈 ➡ _____

(4) 꾸미는 말을 넣어 짧은 글을 지어 봅시다.

보기
넓은 ➡ <u>넓은</u> 바다가 보였습니다.
➡ 우리 학교 <u>넓은</u> 운동장엔 놀이 기구가 많다.
➡ 시골에 가면 <u>넓은</u> 들판이 있습니다.

- 아름다운 ➡ _____

- 큼직한 ➡ _____

- 부지런히 ➡ _____

- 빨갛게 ➡ _____

- 신나게 ➡ _____

- 시원한 ➡ _____

- 따뜻한 ➡ _____

- 동그란 ➡ _____

- 길쭉한 ➡ _____

- 무서운 ➡ _____

4. 자세히 나타내기

재미있는 글을 지으려면 우선 눈에 보이는 대로 색깔, 모양, 크기, 움직임들을 자세히 나타내는 연습을 해야 합니다.

(1) 그림을 보고 자세히 나타내기

밥을 먹었다

- 김이 나는 밥을 먹었다
- 밥을 맛있게 먹었다
- 밥을 많이 먹었다

- 그림을 보고 자세히 나타내어 봅시다.

운동을 하였다.

- _____
- _____
- _____

책을 읽었다.

- _____
- _____
- _____

(2) 자세한 문장 만들기

보기

| 할머니가 오셨다. | ➡ | 보고 싶은 할머니가 인형을 가지고 오셨다. |

동생이 울었다. ➡

코스모스가 피었다. ➡

산에 올라갔다.. ➡

세수를 하였다. ➡

은행 나무가 물들었다. ➡

외가에 갔다. ➡

잠을 잤다. ➡

(3) 시간, 장소, 사람을 넣어 자세히 나타내기

보 기

| 축구를 하였다. | ➡ | 어제 운동장에서 철수와 축구를 하였다. |

숙제를 하였다. ➡ ....

시장에 다녀왔다. ➡ ....

거실 청소를 했다. ➡ ....

공원에 놀러 갔다. ➡ ....

외식을 하였다. ➡ ....

전화가 왔다. ➡ ....

바나나를 먹었다. ➡ ....

둘째마당

일 기

1. 그림 일기

2. 생활 일기

3. 상상한 일기

4. 여행 일기

5. 독서 일기

> 일기는 그날의 여러 가지 일 중에서 가장 먼저 떠오르는 일을 중심으로 씁니다. 하루의 일을 모두 차례로 쓰는 것이 아닙니다. 한 가지 일을 자세하게 쓰면 글짓는 힘이 자신도 모르게 자랍니다.

1. 그림 일기

그림은 한 장면만 그릴 수 있습니다. 그래서 문장 일기를 쓰기 전에 그림부터 그리고 그 그림에 나타난 일을 쓰도록 하면 문장 일기를 쓸 때도 한 가지 일을 골라 쓸 수 있는 습관과 힘이 붙게 됩니다.

보기

❶ ○월 ○일 ○요일

미술 시간에 어머니 얼굴을 그렸습니다. 선생님께서 미인이라고 하시며 머리를 쓰다듬어 주셨습니다. 날아갈 듯 기뻤습니다.

❷ ○월 ○일 ○요일

비가 오는 날은 복잡하다. 가방 메고 우산을 쓰고 가려니 불편하다. 비를 맞지 않는 방법이 우산 밖에 없을까?

▶ 다음 그림을 보고 그림 일기를 써 봅시다.

2. 생활 일기

　일기를 쓰기 위해 가장 먼저 할 일은 글감 찾기입니다. 하루 생활을 머리 속에 차례로 떠올려 봐야 합니다. 매일 되풀이 되는 일은 일기 글감으로 알맞지 않습니다. 가장 기억에 남는 장면을 머리 속에 그려 보고, 그 그려진 그림을 마음으로 들여다 보면서 일기를 쓰면 됩니다.

(1) 여러 가지를 쓴 일기와 한 가지를 쓴 일기

● 여러 가지를 쓴 일기 ●

○ 월　　○ 일　　○ 요일　　구름

　나는 ① 아침을 먹고 학교로 갔다. ② 교실에서 공부를 하고 집으로 왔다. ③ 점심을 먹고 조금 놀다가 숙제를 하였다. ④ 저녁을 먹고 TV를 보다가 일기를 쓰고 잤다.

▶ 이 일기에서 나는 은 쓰지 않아도 됩니다.
▶ ①, ②, ③, ④ 중에서 한 가지만 골라 자세히 쓰는 것이 좋습니다.

● 한 가지를 쓴 일기 (고쳐 쓴 것) ●

①부분 ➡ 　주방에 갔다. 벌써 식구들이 식탁에 앉아 있었다. 내가 제일 좋아하는 굴비가 있었다. 밥 한 그릇을 굴비와 함께 먹었다. <u>굴비 맛은 정말로 좋았다.</u> 어머니께서는 굴비가 비싸다고 하셨다.

②부분 ➡ 　국어 시간에 선생님께서 나에게 책을 읽으라고 하셨다. 글자를 한 자도 틀리지 않고 큰 소리로 읽었다. 선생님께서 칭찬해 주셨다. <u>집에 가서 국어책 읽기 연습을 더 많이 해야겠다고 생각했다.</u>

③부분 ➡ 　집에 오니 어머니께서 점심을 차려 주셨다. 김치는 매웠지만 맛있게 먹었다. 책을 뒤적이며 놀다가 숙제를 했다. <u>오늘 숙제는 좀 많다는 생각이 들었다.</u>

④부분 ➡ 　아버지께서 늦으셔서 엄마와 마주앉아 저녁을 먹었다. 어머니께서 말씀하셨다.
"오늘 공부 잘 했니?"
"예, 책을 잘 읽는다고 칭찬 받았어요."
<u>자랑스럽게 대답하고 나니 밥맛이 더 좋았다.</u>

✽ 자기의 생각이나 느낌도 쓰면 훨씬 재미있는 일기가 됩니다. (밑줄 부분)

▶ 다음을 보고 한 가지 일을 자세히 써 봅시다.

어느 날 일어나서 학교에 가기 전까지의 일

월   일   요일

어느 날 학교 수업 시간에 있었던 일

월   일   요일

---

(2) 자기 생각과 느낌을 많이 쓰는 일기

● 생각과 느낌이 없는 일기 ●

○월 ○일 ○요일 맑음

　아침 자습 시간에 내 짝 상국이와 말다툼을 하였다. 책을 읽고 있는데 상국이가 자꾸 책상을 흔들었다. 그러지 말라고 해도 계속 흔들었다. 그래서 그러지 말라고 큰 소리로 말했다. 상국이는 실실 웃으면서 더 약을 올렸다.

⬇

● 생각과 느낌이 많은 일기 ●

○월 ○일 ○요일 맑음

　아침 자습 시간에 내 짝 상국이와 말다툼을 하였다. 상국이는 늘 나를 못살게 군다. <u>왜 그러는지 모르겠다. 남이 싫어하는 일은 하지 않아야 한다고 우리 어머니는 늘 말씀하신다.</u> 오늘도 책을 읽고 있는데 상국이가 책상을 마구 흔들었다. <u>참으로 심술궂다. 동생 같았으면 한 대 쥐어박아 주고 싶었다.</u>

▶ 다음 일기를 생각과 느낌이 있는 일기로 고쳐 써 보세요 (밑줄 부분)

○ 월   ○ 일   ○ 요일   맑음

학교 수업을 마치고 집으로 오는 길이었다. 길을 건너려고 신호등 앞에 서 있었다. 파란 불이 켜지자마자 꼬마가 뛰어갔다. 그때 차 한 대가 끽 소리를 내고 급히 섰다. _____
기사 아저씨가 욕을 했다. _____

▶ 일어난 일을 자세히 쓰고 자기의 생각과 느낌을 함께 써 봅시다.

월   일   요일

(3) 대화를 섞어 쓰는 일기

● 직접 대화가 없는 일기 ●

○월   ○일   일요일   갬

　점심을 먹고 친구 철민이네 집에 놀러 가려고 방문을 열었다. 그때 어머니께서 슈퍼에 가서 우유 세 통을 사오라고 하셨다. 나는 친구 집에 가야 한다고 했다. 그래도 어머니는 사다 주고 가라고 하셨다. 할 수 없이 우유를 사드리고 친구 집으로 갔다.

● 직접 대화가 있는 일기 ●

○월   ○일   일요일   갬

　점심을 먹고 친구 철민이네 집에 놀러 가려고 방문을 열었다. 그때였다.
　"상구야, 너 슈퍼에 가서 우유 세 통만 사다 주겠니?"
　느닷없이 어머니의 말씀이 들렸다.
　"안 돼요, 엄마. 전 지금 철민이 집에 가야 해요."
　"미안하구나. 그렇지만 지금 엄마가 많이 바쁘단다. 좀 사다 주고 가렴."
　나는 할 수 없이 우유 세 통을 사다 드리고 부리나케 친구네 집으로 달려갔다.

▶ 다음 일기를 보고 밑줄 그은 부분을 직접 대화로 나타내어 봅시다.

○월 ○일 ○요일 구름

①친구에게서 전화가 왔다. 자기 집에 놀러 오라고 했다. 나는 우리 집이 비어서 못 간다고 했다. 혼자 있으니 심심했다. 친구집에 전화를 했다. 우리집에 놀러 오라고 했다. 친구는 그러자고 했다. 고마웠다.

○월 ○일 ○요일 구름

① "따르릉 따르릉"
전화가 울렸다.
"여보세요."
"나야, 민수."
"어, 민수냐? 왜?"
"우리 집에 놀러 올래?"
"안 돼. 집이 비어서 나갈 수 없어."

②

(4) 꾸며 주는 말을 넣은 일기

● 꾸며 주는 말 없는 일기 ●

○월   ○일   ○요일   맑음

 현관 벨이 울렸다. 문을 여니 상민이었다. 우리 둘은 책상 앞에 앉아 책을 읽었다. 창 밖에는 바람이 불고 있었다. 나무들이 흔들거리고 있었다. 책을 다 읽고 난 후 주방에서 사과를 깎아 먹었다. 맛있었다.

● 꾸며 주는 말 넣은 일기 ●

○월   ○일   ○요일   맑음

 "딩동딩동" 현관 벨이 크게 울렸다. 문을 여니 운동복 차림을 한 상민이었다. 우리 둘은 나직한 책상 앞에 얌전히 앉아 역사 만화책을 열심히 읽었다. 창 밖에는 바람이 설렁설렁 불고 있었다. 멀리 보이는 나무들이 춤을 추듯 흔들거리고 있었다. 책을 다 읽고 난 후 텅 빈 주방에서 빨간 사과 한 개를 깎아 아삭아삭 먹었다. 향긋하고 새콤한 맛이 났다.

▶ 다음 일기의 밑줄 그은 부분에 꾸며 주는 말을 써 넣어 봅시다.

○월 ○일 ○요일 맑음

식구들이 _____ 둘러앉은 식탁 위에는 _____ 피자 한 판이 _____ 올라 있었다. _____ 피자를 보니 침이 _____ 넘어갔다. 모처럼 먹는 피자는 _____ 맛있었다.

○월 ○일 ○요일 갬

단풍이 _____ 물든 시골 할아버지 댁 뒷산에서 _____ 감을 땄다. _____ 홍시도 있었다. _____ 불어오는 가을 바람이 이마에 맺힌 땀을 _____ 씻어 주었다.

▶ 위와 같이 꾸며 주는 말을 넣어 일기를 써 봅시다.

월   일   요일

3. 상상한 일기

때때로 머리 속에 재미있는 상상을 하는 것도 좋습니다. 일기 쓸 거리가 없을 때는 상상한 것을 쓸 수도 있습니다. 교통 경찰이 된 상상, 나무가 된 상상, 해가 된 상상을 하는 일은 참으로 즐겁습니다.

○ 월   ○ 일   ○ 요일   맑음

　창 밖엔 찬 바람이 세차게 불고 있다. 화단에 앙상한 몸으로 서 있는 목련 나무가 보였다. 나는 목련 나무가 되어 보기로 했다.
　'지난 가을에 나의 가족은 모두 떠났습니다. 내 발은 언 땅 속에서 봄을 준비하고 있습니다. 가족이 떠난 자리마다 꽃과 잎을 피울 준비를 합니다.'
　　　　　　　(아래 줄임)

○ 월   ○ 일   ○ 요일   맑음

　나는 우산입니다. 비가 와야만 할 일이 생깁니다. 비가 오지 않을 때는 나에게 아무도 관심을 가지지 않습니다. 그러다 갑자기 비가 쏟아지면 나를 찾아 난리가 납니다.
　　　　　　　(아래 줄임)

▶ 다음과 같은 상상을 일기로 써 봅시다.

나는 지우개입니다

월   일   요일

나는 신발입니다

월   일   요일

4. 여행 일기

가족과 함께 나들이를 갔다 왔거나 현장 학습을 하고 돌아와 거기서 본 것, 들은 것, 또 생각과 느낌을 쓰면 재미있는 일기가 됩니다. 이런 글은 기행문이 되기도 합니다.

○ 월   ○ 일   ○ 요일   맑음

새벽에 어머니 아버지와 함께 팔공산 갓바위에 갔습니다. 공기도 맑고 물도 시원했습니다. 이리저리 굽은 돌 계단 길을 한참 올라가니 갓바위가 있었습니다. 돌부처가 앉아 있고 머리에 넓적한 돌을 이고 있었습니다. 많은 사람들이 촛불을 켜고 절을 했습니다. 소원을 빈다고 합니다. 나도 소원을 빌었습니다.

▶ 위와 같이 다녀온 곳을 생각하며 일기를 써 봅시다.

월   일   요일

5. 독서 일기

책의 내용과 거기서 얻은 생각이나 느낌을 써도 좋은 일기가 됩니다. 이런 일기는 독후감상문이 되기도 합니다.

○월   ○일   ○요일   비

아침부터 비가 왔다. 심심해서 옛날 이야기를 읽었다. '나무꾼과 사슴'은 교과서에도 나온다. 그러나 전부 다는 아니다. 사슴을 구해 준 나무꾼은 착한 사람이다. 사슴을 잡아갈 수도 있었을 텐데……. 선녀와의 약속을 못 지킨 나무꾼이 안타까웠다. 약속은 꼭 지켜야겠다는 생각을 했다.

▶ 위와 같이 책을 읽고, 그 내용과 생각이나 느낌을 일기로 써 봅시다.

월   일   요일

셋째마당

생활문

1. 잘된 글과 그렇지 못한 글
2. 글감 찾기
3. 글의 시작
4. 글의 전개
5. 글의 마무리
6. 생활문 쓰기의 실제

1. 잘된 글과 그렇지 못한 글

한 가지 일을 자세하게, 생각과 느낌, 꾸미는 말, 직접 대화를 넣어 쓴 일기의 날짜를 지우면 바로 생활문이 됩니다. 그래서 일기 쓰기는 모든 글짓기, 글쓰기의 바탕이 되는 것입니다.

보기 1 　 재미없는 글

우 리 집

　우리집에는 네 식구가 삽니다. 아버지, 어머니, 누나 그리고 나입니다. 아버지는 건설 회사에 다니십니다. 어머니는 집에서 밥하고 빨래하며 집안 살림을 하십니다. 누나는 초등 학교 5학년입니다. 나는 초등 학교 2학년입니다. 우리집은 화목합니다.

보기 2 　 잘된 글

우 리 집

　누나가 말했습니다.
"엄마, 나는 왜 오빠가 없노?"
아빠가 대답했습니다.
"니가 맏이인데 웬 오빠는?"
"아빠가 엄마가? 왜 아빠가 말하노?"
엄마가 말했습니다.
"야야, 아빠가 엄마고, 엄마가 아빠지"
우리들은 모두 손뼉을 치며 웃고 말았습니다.

✽　〈보기1〉은 우리집 식구를 설명하는 글입니다. 〈보기2〉는 우리집의 아기자기하고 즐거운 한 때의 모습을 그림 그리듯 보여 주는 글입니다. 생활문은 〈보기2〉처럼 써야 합니다. 위의 글은 대화가 많지만 대화가 적어도 됩니다. 대화 속에는 사투리도 쓸 수 있습니다.

보기 3　　재미없는 글

내 짝

　영희는 내 짝입니다. 얼굴도 예쁘고 마음씨도 곱습니다. 내가 잊어버리고 온 물건도 곧잘 빌려 줍니다. 집에 갈 때도 늘 같이 갑니다. 내가 하자는 대로 합니다. 그런데 어떤 때는 화가 날 때도 있습니다. 어떻게 할까 걱정하다가 물으면,
　"네 맘대로 해."라고 합니다.
　이럴 때는 정말 싫어집니다.

보기 4　　잘된 글

내 짝

　어제 아침이었습니다. 학교에 가려고 현관 문을 여니 내 짝 영희가 기다리고 있었습니다. 반가웠습니다.
　"어? 웬 일이야? 오래 기다렸니?"
　"아니, 같이 가려고 기다렸어. 빨리 가자."
　얼굴도 예쁘고 마음씨도 천사 같은 영희입니다. 계단을 내려와 아파트 문을 나서는데 영희가 말했습니다.
　"크레파스 가져 왔니?"
　"어머? 나 잊었는데. 안 되겠다, 지금 집에 가서……"
　"괜찮아. 나랑 같이 쓰자."
　우리 둘은 콧노래를 부르며 학교로 향했습니다.

2. 글감 찾기

옷감이 있어야 옷을 짓고 무나 배추가 있어야 김치를 담글 수 있습니다. 글도 마찬가지입니다. '제목'과 '생각(주제)'이 정해지면 거기에 알맞는 글감을 찾아야 합니다.

〈보기〉 제목 : 아버지

생각(주제)	글 감
고마운 아버지	어머니로부터 꾸중을 듣는데 아버지께서 내 편을 들어 주셨던 일
	학교를 파하고 나설 때 갑자기 비가 왔는데 아버지께서 우산을 가지고 오셨던 일
	등산 갔다가 내려 올 때 다리가 아프다고 하니 아버지께서 업어 주셨던 일
	(이 밖에도 많이 있을 것입니다)
자랑스런 아버지 ※이 밖에도, ·자상하신 아버지 ·힘이 센 아버지 등등	일을 잘 하신다고 회사에서 큰 상을 받아 오셨던 일
	골목길에서 싸우는 중학교 형들을 불러 엄하게 타일러 주시던 일
	(이 밖에도 많이 있을 것입니다)

※ 위와 같이 '생각'과 '제목'이 정해지면 자기가 겪었던 일들 중에서 '생각'을 나타내는데 가장 알맞는 글감 한 가지를 골라야 합니다.

▶ 다음 제목을 보고 위와 같이 생각(주제)과 글감을 찾아 써 봅시다.

제목 : 우리집

생각(주제)	글 감
웃음꽃 피는 우리집	
예절을 잘 지키는 우리집	
우리집의 자랑거리	

3. 글의 시작

'시작이 반'이라는 우리 나라 속담이 있습니다. 시작하기는 어렵지만 시작만 해 놓으면 그 일의 반은 이루어진거나 같다는 말입니다. 한 편의 글을 쓰거나 짓는 데도 시작이 중요합니다.

1 계절로 시작하기

<u>파란 하늘에서 내려오듯 봄바람이 노란 개나리 꽃을 흔들고 지나갑니다.</u> 동생이 말했습니다.
"언니, 이게 뭐야?"
                    (아래 줄임)

2 장소로 시작하기

<u>땀에 젖은 아이들이 공을 따라 정신없이 뛰어다니는 운동장으로 나갔습니다.</u> 철수를 불러 오라시는 선생님 심부름 때문입니다.
                    (아래 줄임)

3 대화로 시작하기

"민수야, 놀자."
창 밖에서 낯익은 목소리가 들렸습니다. 기철이었습니다.
                    (아래 줄임)

4 시간으로 시작하기

> 바람이 세차게 부는 아침이었습니다.
> "철수야, 빨리 일어나. 산에 가야지."
> 아버지 말씀에 벌떡 일어났습니다.
> (아래 줄임)

5 흉내내는 말로 시작하기

> "둥둥둥"
> 어디선가 북소리가 들렸습니다. 고개를 갸웃거리다가 창문을 열고 거리를 내려다 보았습니다.
> (아래 줄임)

6 사람으로 시작하기

> 시골에서 할머니가 오셨습니다. 시루떡을 가지고 오셨습니다. 점심을 먹은 뒤라 배가 불렀지만 맛이 있어 두 개를 먹었습니다.
> (아래 줄임)

4. 글의 전개

1 순서대로 쓰기

옷을 두툼하게 입고 아버지를 따라 현관을 나섰습니다. 해뜨기 전이라 어둑어둑한 길을 따라 동네 앞산으로 향했습니다. 산을 오르기 시작했습니다. 아버지께서 말씀하셨습니다.
"춥니?"
"예, 굉장히 추워요."
"참아야지. 건강하게 자라려면……."
입에서 하얀 김이 연기처럼 나왔습니다. 벌써 올라갔다 내려오는 사람도 있었습니다. 공기는 차가웠지만 가슴 속은 시원했습니다. (아래 줄임)

2 순서 바꿔 쓰기

"민수야, 놀자."
창 밖에서 낯익은 목소리가 들렸습니다. 기철이었습니다.

> 어제의 일이었습니다. 늘 친하게 지내던 기철이가 불쑥 나에게 한마디 했습니다.
> "철민이가 그러던데 네가 내 욕했다며?"
> 나는 어이가 없었습니다. 억울했습니다.
> "아니야. 누가 그래?"
> "철민이가 그러더라. 너 그러면 안 돼."
> 그리고는 휑하니 가 버렸습니다. 나는 화가 나서 다시는 놀지 않겠다고 마음먹었습니다.

그런데 느닷없이 오늘 기철이가 불렀습니다.
'나갈까? 말까?' (아래 줄임)

✱ ☐ 안의 글은 어제 있었던 일입니다. 순서를 바꾸어 쓴 것입니다.

3 지난 일 끼워 넣어 쓰기

　시골에서 할머니가 오셨습니다. 시루떡을 가지고 오셨습니다. 점심을 먹은 뒤라 배가 불렀지만 맛이 있어 두 개를 먹었습니다. 할머니께서는 늘 우리집에 오실 때면 시골의 맛있는 과일이나 떡을 가지고 오십니다.

　지난 여름 방학, 할머니 댁에 갔을 때가 생각납니다. 대문까지 뛰어나오시면서 주름 가득한 얼굴로 할머니가 반가워 하셨습니다. 옥수수도 삶아 주시고 고구마도 주셨습니다. 방에도 마루에도 할머니 냄새가 가득했습니다. 떠나 올 때 할머니는 눈물을 보이셨습니다. 나도 눈물이 났습니다.

　할머니가 가져 오신 시루떡을 먹으면서 나는 지난 여름 방학 때 눈물지으셨던 할머니를 떠올렸습니다.
　'할머니, 고맙습니다. 건강하세요.'

✽　☐ 안의 글은 지난 일을 다시 생각하며 쓴 글입니다.

5. 글의 마무리

재미있게 시작해서 자세하고 실감나게 대화를 섞어 줄거리를 뚜렷하게 쓴 뒤에 끝마무리를 하는 것도 중요합니다.

(1) 흔히 쓰는 마무리 글

〈보기〉1
오늘은 참으로 즐거운 날이었다.

〈보기〉2
내 친구 철구가 고마웠다.

〈보기〉3
어른들께 예절을 잘 지키는 어린이가 되겠다.

✽ 위의 〈보기〉처럼 교훈적인 마무리는 흥미없는 글이 되기 쉽습니다.

(2) 새로운 생각으로 마무리하기

〈보기〉1
가로수 가지를 흔드는 바람이 내 얼굴을 쓰다듬고 지나간다.

〈보기〉2
집으로 향하는 발걸음이 마냥 가벼웠다.

〈보기〉3
웃음소리가 담장 너머 길거리로 퍼져 나갔다.

6. 생활문 쓰기의 실제

(1) 제목 : 선생님

> **생 각** 아버지처럼 든든하고 고마우신 선생님
>
> **글 감** 교실에서 장난치다가 책상에 머리를 부딪혀 혹이 생겼을 때 걱정하시며 보건실로 데려가 치료해 주시던 일

✤ 제목을 보고 '생각'과 '글감'을 정합니다.

(2) 짧은 문장으로 대강 쓰기 (개요 짜기)

> ① 쉬는 시간에 교실에서 심한 장난을 쳤습니다.
> ② 등을 치고 도망가는 친구를 따라가다 넘어지면서 책상에 머리를 부딪혔습니다.
> ③ 선생님이 급히 오셔서 꾸중은 하지 않으시고 보건실로 데리고 가 주셨습니다.

(3) 자세히 쓰기

▶ ①부분 자세히 쓰기

> 첫째 시간을 마치고 쉬는 시간이었습니다. 철구가 내 등을 탁 치고 도망을 갔습니다. 나는 얼른 일어나 철구를 때리러 따라 갔습니다. 책상과 책상 사이를 빠져 도망가는 철구를 씩씩거리며 계속 따라갔습니다.

▶ ②부분 자세히 쓰기

> 　막 잡으려는 순간 나는 옆 책상에 걸려 넘어지고 말았습니다. 순간 눈 앞에 별이 번쩍 했습니다.
> "아야!"
> 　소리를 지르며 이마를 짚었습니다. 아이들이 우르르 모여 들었습니다.
> "야, 큰일났다. 민수가 다쳤어!"
> "빨리 선생님께 말씀드려!"
> 　나는 정신이 아찔하고 이마가 아파서 울어 버렸습니다.

▶ ③부분 자세히 쓰기

> 　　교실이 갑자기 조용해졌습니다.
> "민수, 또 장난쳤구나. 가자, 얼른 보건실로."
> 선생님의 부드러운 목소리가 들렸습니다.
> '어휴, 또 꾸중 듣게 생겼네.'
> 나는 걱정이 앞섰습니다.
> "민수야, 빨리 일어나거라. 이것 봐. 이마에 혹이 생겼네!"
> 선생님은 나를 부축하시고는 보건실로 가셨습니다.
> 치료를 마치고 나오는데 선생님이 말씀하셨습니다.
> "큰일날 뻔했구나. 조심해야지, 장난도 좋지만 다치면 안 된단다."
> 꼭 우리 아버지 같다고 생각했습니다.

(4) 다시 읽고 고치기 (퇴고)

　다른 사람의 글을 읽는다는 생각으로 다시 읽으며 빠진 부분, 새로 더 써 넣을 부분, 빼야 할 부분, 낱말 등을 살펴 고쳐야 합니다.

(5) 위와 같은 방법으로 생활문 써 보기

① 제목 : 내 짝

> 생 각 _____
> 글 감 _____
> _____

② 짧은 문장으로 대강 쓰기 (개요 짜기)

ㄱ
ㄴ
ㄷ

③ 자세히 쓰기

▶ ㄱ부분 자세히 쓰기 (시작)

▶ ㉡부분 자세히 쓰기 (전개)

▶ ㉢부분 자세히 쓰기 (마무리)

④ 다시 읽고 고치기

✲ 위와 같은 방법과 순서로 아래의 제목을 보고 생활문을 써 봅시다.

제 / 목 / 보 / 기

· 친구	· 공원	· 눈 온 날	· 이름
· 청소	· 책	· 꽃	· 나들이
· 비 오는 날	· 축구	· 교실	· 체험 학습
· 가방	· 운동회	· 모기	· 사진

넷째마당

독후감상문

1. 잘된 글과 그렇지 못한 글
2. 글의 시작
3. 글의 전개
4. 글의 마무리
5. 여러 가지 형식의 독후감상문
6. 독후감상문 쓰기의 실제

1. 잘된 글과 그렇지 못한 글

책을 읽으면 재미를 느낄 수 있습니다. 또 새로운 사실을 알 수도 있습니다. 상상의 나라에도 가 볼 수 있고 동화 속의 주인공도 만날 수 있습니다. 책을 읽으면서 우리는 여러 가지 신나고 신기하고 아름다운 것들을 경험하게 됩니다. 그러나 책을 읽어 줄거리만 아는 것은 큰 보람이 못됩니다. 많이 생각하고 느껴야 합니다. 그러기 위해서는 책을 읽은 후에 그 느낌과 생각을 줄거리와 함께 글로 써 봐야 합니다. 이것이 독후감상문입니다.

〈보기〉1

기특한 꿩
– '은혜 갚은 꿩'을 읽고 –

○○○

㉠ – 교과서에서 배운 '은혜 갚은 꿩'을 다시 읽어 보았습니다.

㉡ 옛날 산길을 가던 나그네가 꿩을 잡아먹으려는 구렁이를 보았습니다. 나그네는 활을 쏘아 구렁이를 죽이고 꿩을 살려 주었습니다. 날이 저물어 외딴집의 헛간에서 잠을 자던 나그네는 구렁이에게 감겨 죽게 되었습니다. 활에 맞아 죽은 구렁이의 누이동생이라며 날이 밝기 전에 빈 절의 종을 세 번 울리면 살려 주겠다고 했습니다. 날이 점점 밝아 올 때 종소리가 세 번 들렸습니다. 그러자 구렁이는 약속대로 슬그머니 사라졌습니다.
나그네가 빈 절에 가 보니 꿩 한 마리가 머리에 피를 흘린 채 종 아래 죽어 있었습니다.

㉢ 나는 이 글을 읽고 은혜를 갚을 줄 아는 사람이 되어야겠다고 생각했습니다.

㉠은 읽은 동기를 썼습니다.
㉡은 줄거리를 썼습니다.
㉢은 느낌과 생각을 썼습니다.
✽ 이렇게 '읽은 동기', '줄거리', '느낌'을 따로따로 쓰는 것은 재미없는 독후감상문이 됩니다.

<보기> 2

꿩도 은혜를 갚는데 ……
― '은혜 갚은 꿩'을 읽고―

○○○

　나는 짤막짤막한 옛날 이야기를 좋아합니다. 학교에서 배운 '은혜 갚은 꿩'을 다시 읽어 보았습니다.
　꿩을 잡아먹으려고 하는 구렁이를 본 나그네는 곧바로 활을 쏘아 꿩을 구해 주었습니다. <u>쉬운 일은 아니라고 생각합니다. 아버지께서는 밤길에 담배 피는 학생들을 나무라다가 큰 봉변을 당할 뻔했다고 하십니다. 교실에서도 힘센 아이가 약한 아이를 괴롭힐 때 나는 망설입니다. 이 글의 나그네를 생각하니 조금은 부끄러워집니다.</u> 밤중에 구렁이에게 감겨 눈을 뜬 나그네는 놀랐지만 침착하게 살려 달라고 하였습니다. 보통 사람 같으면 기절하고 말았을 겁니다. 종소리 세 번에 살아난 나그네가 빈 절에서 죽은 꿩을 보았을 때 <u>나는 눈물이 났습니다. 원수를 갚으려는 누이동생 구렁이도 나무랄 수는 없을 것 같습니다. 그러나 은혜를 갚으려고 연약한 머리로 종을 울린 꿩은 정말로 사람보다 낫다고 생각 됩니다.</u>

✻　밑줄 그은 부분은 모두 감동적인 장면을 읽으며 생각하고 느낀 것을 적은 것입니다. 독후감상문은 위의 글과 같이 자기의 생각과 느낌을 많이 써야 합니다. 제목도 자기가 쓴 글에 맞는 제목을 붙여야 합니다. 그리고 그 아래 읽은 책 이름을 써 넣는 것이 좋습니다.

2. 글의 시작

독후감상문은 대개 책을 읽은 동기를 글의 시작으로 합니다. 그러나 내용으로 바로 시작하는 경우도 있습니다.

〈보기〉1

비행기의 아버지
- '라이트 형제'를 읽고 -
○○○

새처럼 하늘을 날아 보고 싶은 꿈은 누구나 다 가지고 있다. 수백 명을 태운 무거운 비행기가 떠서 미국, 중국으로 가는 것을 보면 신기하다. 누가 처음 만들었을까? 물어 보니 라이트형제라 했다. 책을 찾았다.

(아래 줄임)

〈보기〉2

게으름뱅이의 반성
- '소가 된 게으름뱅이'를 읽고 -
○○○

나는 책 읽기를 좋아한다. 거의 매일 한 권씩 읽는다. 오늘도 나는 학급 문고에서 '소가 된 게으름뱅이'라는 책을 빌려 왔다.

(아래 줄임)

〈보기〉3

남을 위해 산 나무
- '아낌없이 주는 나무'를 읽고 -
○○○

어머니를 따라 백화점에 갔다가 서점 구경을 했다. 예쁜 책이 눈에 띄었다.
"엄마, 저 이 책 사주세요."
"그래? 사 줘야지. 아저씨, 이 책 얼마예요?"
어머니는 기뻐하시며 얼른 사 주셨다. '아낌없이 주는 나무'였다.

(아래 줄임)

3. 글의 전개

읽은 내용 중에서 제일 신났던 장면, 신기했던 장면, 눈물이 났던 장면, 가슴이 아팠던 장면, 조마조마했던 장면 등등을 찾아 거기에 따른 자기의 경험이나 생각, 느낌을 함께 섞어 자세히 써야 자기의 글이 됩니다.

「글의 시작」에 든 〈보기〉에 이어 쓸 부분의 보기글입니다.

〈보기〉1

〈 줄임 〉
　라이트 형제가 잘 나는 글라이더를 만들기 위해 노력하는 모습이 대단했다. 하늘 나는 꿈을 가지고 거기에 온 힘을 쏟는 형제의 노력도 본받을만 했다. 새로운 글라이더를 만들어 시험해 보려는 형제의 들뜬 마음도 알 수 있을 것 같다. 종이 비행기를 만들어 날렸을 때 멀리 가 줬으면 하는 바람을 가진 적이 있었기 때문이다. 엔진과 프로펠라를 단 최초의 비행기 '플라이어'가 성공적으로 날고 무사히 땅에 내려 앉는 순간은 내 마음도 하늘을 난 듯 기뻤다. 그리고 100년이 지난 지금은 달나라에도 가는 비행기가 생겼다. 별나라를 마음대로 다닐 수 있는 비행기를 만들어 봤으면 하는 생각을 했다.

〈보기〉2

〈 줄임 〉
　우리 속담에 '일하기 싫으면 먹지도 말라'는 말이 있다. 이 책에 나오는 게으름뱅이에게 꼭 들려주고 싶다. 노인이 씌워 준 쇠머리탈로 소가 된 소년은 정말 황당했을 것이다. 말을 해도 소 울음이 되고 도무지 마음은 사람인데 남들은 소로 보고 대하니 답답했을 것이다. 정말 끔찍한 일이다. 무를 먹고 다시 사람이 된 소년은 부지런한 사람이 되었다.

<보기> 3

〈 줄임 〉
　이 글에 나오는 주인공은 정말 염치도 없다. 나무에게 오면 언제나 얻어 가는 것 뿐이니 말이다. 나무에게 얻어 갔으면 다음에 올 때는 거름을 갖다 주기라도 했어야 했다고 생각한다.
　열매를 가져 가고, 가지를 잘라 가고, 둥치를 베어 가는 주인공을 보면 화가 난다. 아무 불평없이 무조건 주고 마는 나무에게도 화가 난다. 주인공의 이런 행동은 나무가 만든 것이라 생각했다. 잘못이 있으면 꾸짖고 타일러 줘야 하는데 나무는 그러지 않았다. 우리 아버지 같다. 우리 아버지께서는 내가 잘못해도 웃으면서 머리를 쓰다듬어 주신다. 때로는 꾸중해 주셨으면 하는 마음도 든다.

✽　줄거리를 간추리는 대신 각 장면마다 자기의 생각과 느낌을 많이 써야 합니다. 속담도, 어른들의 말씀도, 현재 사회의 모습도 관계되는 장면마다 써 넣어야 감동적인 독후감상문이 됩니다. 밑줄 친 부분은 글쓴이의 생각과 느낌입니다.

4. 글의 마무리

보통 독후감상문의 마무리는 교훈적인 얘기로 끝을 맺습니다. 그러나 교훈적 얘기나, 내용과 다른 생각들은 전개에서 펼쳐져야 합니다.
앞 전개의 〈보기〉글에 이어 마무리 하는 보기글입니다.

〈보기〉1

며칠 전 뉴스에 미국이 화성에 무인 우주선을 보냈다고 했다. 우리나라도 인공위성을 쏘아 올렸다. 나는 사람 몸에 작은 동력의 날개를 달고, 날아 출근할 수 있는 기구를 만들고 싶다.

〈보기〉2

요즘 사람들은 정말 게을러져 있다. 스위치 하나로 모든 것을 해결하는 시대가 되었다. 비만이 많다. 게으른 사람에게 내린 벌이 아닐까?

〈보기〉3

세상엔 이 글의 나무 같은 사람들이 많다고 생각한다. 부모님, 선생님, 환경 미화원, 경찰관, 국군 등등 모두가 우리들에게 아낌없이 봉사를 해 주고 계신다. 모두가 고마운 사람들이다.

5. 여러가지 형식의 독후감상문

지금까지 보기를 든 독후감상문은 흔히 쓰는 생활문 형식입니다. 이 밖에도 편지 형식, 일기 형식, 시 형식 등 여러 가지가 있습니다.

보기 1 편지로 쓰는 독후감상문

'집 없는 아이'를 읽고

○○○

레미에게

나는 네 얘기를 읽으면서 많은 눈물을 흘렸단다. 처음의 엄마가 가짜라는 사실을 알았을 때 너의 놀라움과 슬픔은 얼마나 컸겠니? 나는 당해 보지 않아서 감히 네 심정을 다 이해할 수는 없었어. 그렇지만 눈앞이 캄캄했을 것쯤은 알 수 있었어. 그러나 꿋꿋하게 참고 이겨 내는 너를 보면서 나는 결심했어. 어떤 어려움도 너처럼 이겨낼 수 있는 힘을 길러 가기로 말이야.

레미야, 불행하고 힘든 일이 있으면 반드시 행복하고 즐거운 일이 다가온다는 것도 잊지 말기를 바란다.

레미야, 우리 항상 서로 용서하고 사랑하는 마음으로 밝게 살아가기를 약속하자.

레미야 안녕.

○○○○년 ○월 ○일

○ ○

보기 2 일기로 쓰는 독후감상문

관창의 용기
○ 월　○ 일　○ 요일　맑음

○○○

　화랑 이야기가 재미있어 '화랑 관창'을 읽었다. 신라가 삼국을 통일하는 데 화랑도가 큰 힘이 되었다. 화랑도 정신을 잘 지킨 사람 가운데 유명한 사람이 관창이다. 그는 어릴 때부터 옳은 일에는 뜻을 굽히지 않는 소년이었다. 나이 16세 때 백제와 전쟁을 하는 데 갔다. 황산벌 싸움에서 신라가 번번이 패했을 때 관창은 계백의 목을 베어 오겠다고 적진으로 뛰어들었다. 정말 용기있는 소년 화랑이었다. 과연 계백의 목을 베어 올 수 있을까? 내일이 기다려진다.

보기 3 시로 쓰는 독후감상문

심청아
– '심청전'을 읽고 –

○○○

심청아
어려서 어머니 잃고
장님 아버지
모시는 심청아,

공양미 삼백석에
제물이 된
너는 효녀야.

하지만
장님 아버지는
어떡하라고.

가슴 아팠다
심청아,

그래도
왕비되고
아버지 눈뜨고
참 기뻤다
심청아.

6. 독후감상문 쓰기의 실제

(1) 읽은 책 : 미운 오리 새끼

(2) 제목 정하기 (주제 생각하고)
   제목 : 고생 끝에 행복

(3) 짧은 문장으로 나타내기 (개요 짜기)

> ① 한 마리 오리 새끼가 왜 미움을 받았는지 알고 싶었다.
> ② 감명 깊었던 장면 - 하얀 털을 가진 미운 오리 새끼가 태어났다.
>   - 온 가족이 하얀 털 가진 오리 새끼를 미워했다.
>   - 호숫가에서 자기 모습을 보고 놀랐다.
> ③ 백조 가족을 찾아 행복했다.

(4) 자세히 쓰기

▶ ①부분 자세히 쓰기

> '미운 오리 새끼' 라는 말은 자주 들어 보았다. 왜 미움을 받았을까? 생각하다가 책을 찾아 읽어 보기로 했다. 교실 뒤 학급 문고에 마침 있기에 빌려 왔다.

▶ ②부분 자세히 쓰기

오리도 닭처럼 알에서 태어난다는 것을 처음 알았다. 옛날 박혁거세나 동명왕도 알에서 태어났다고 한다. 이상하다. 사람도 알에서 태어날 수 있을까? 어머니께 여쭈어 보니 대답은 이러 했다.
"옛날 이야기니 그렇지."
엄마 오리가 품어 태어난 오리 새끼들 가운데 한 마리가 털이 하얗고 모양이 영 달랐다. 참으로 이상하다. 형제는 닮는다는데 말이다. 태어날 때부터 모습이 달라 미운 오리 새끼가 되었던 모양이다.
형제도 엄마 아빠도 온통 미워하는 가족뿐인 미운 오리 새끼는 날마다 눈물로 살았다. 늘 외톨이였다. 얼마나 속이 상했을까? 어쩌면 가출할 수도 있었을 것이다. 그러나 미운 오리 새끼는 꾹 참고 견디었다. 장하다.
그러던 어느날 호숫가에서 자기 모습을 보게 된다. 주위에 놀고 있던 백조들과 모습이 같음을 안 미운 오리 새끼는 깜짝 놀랐다. 자기의 참 모습을 몰라준 오리들이 원망스럽게 생각되었을 것이다.

▶ ③부분 자세히 쓰기

백조임을 안 미운 오리 새끼는 백조 가족을 찾아 행복하게 되었다. 우리 집에서 미운 오리 새끼는 나다. 엄마, 아빠는 늘 나를 놀린다. 미련퉁이라고 한다. 하기야 내가 남보다 조금 느리기는 하다. 모든 일에 느리긴 하지만 그래도 실수는 없다. 그래서 나는 생각한다.
'나는 백조야.'

(5) 위 순서와 방법으로 독후감상문을 써 봅시다.

① 읽은 책 :

② 제목 정하기 (주제 생각하고)
　　제목 :

③ 짧은 문장으로 나타내기 (개요 짜기)

　　㉠
　　㉡ －
　　　 －
　　　 －
　　㉢

④ 자세히 쓰기

▶ ㉠부분 자세히 쓰기

▶ ⓒ부분 자세히 쓰기

-
-
-

▶ ⓒ부분 자세히 쓰기

⑤ 다시 읽고 고치기 (퇴고)

　글이 처음 자기의 생각대로 맞게 쓰였는지, 책의 내용이 바르게 이해되었는지, 글자와 문장이 바르게 되었는지 등을 남이 쓴 글이라는 생각으로 다시 읽으며 고쳐 봅시다.(소리내어 읽으면 더욱 좋습니다.)

✽　읽은 책 중에서 한 권씩 찾아 독후감상문을 여러 가지 형식으로 써 봅시다. 많이 써 보는 것이 글짓기를 잘 하는 방법 중의 한 가지입니다.

다섯째 마당

시 (시조)

1. 시 감상
2. 형식, 표현 방법
3. 좋은 시, 그렇지 못한 시
4. 남의 시 고쳐 보기
5. 제목, 주제, 글감
6. 시 짓고 고치기
7. 삼행시 짓기
8. 시조 감상, 형식
9. 시조 짓고 고치기

1. 시 감상

지금까지 공부해 본 일기, 생활문, 독후감상문들은 모두 문장으로 이루어져 있습니다.

시는 문장보다는 구절들로 이루어지는 경우가 많습니다. 자세한 설명도 없습니다. 시를 지어 보기 전에 시를 많이 읽고 감상해 보는 것이 좋습니다.

(1) 직접 겪은 일을 바탕으로 지은 시

보기 1 눈에 훤히 보이는 장면을 나타낸 시

아기와 나비

아기는 술래
나비야, 달아나라.

조그만 꼬까신이 아장아장
나비를 쫓아 가면

나비는 훠얼훨
"요걸 못 잡아?"

아기는 숨이 차서
풀밭에 그만 주저앉는다.

"아기야,
내가 나비를 잡아 줄까?"

길섶의 민들레가
방긋 웃는다.

(2-1 국어 읽기)

봄입니다. 훈훈한 바람이 붑니다. 나무나 풀들도 파란 새싹을 키우고 있습니다. 길가엔 민들레도 피어 있고 나비도 날아다닙니다. 이렇게 따뜻하고 아름다운 봄날 걸음마를 할 줄 아는 아기가 할머니와 봄나들이를 나왔습니다. 아기 눈에는 모든 게 신기합니다. 잡힐 듯 잡힐 듯 날아가는 나비를 따라가는 아기의 모습이 귀엽습니다. 꼬까신을 신은 아기는 나비나 꽃과 어울려 하나가 됩니다. 아기의 귀에는 "요걸 못 잡아?" 하는 나비의 속삭임도, "아기야, 내가 나비를 잡아 줄까?" 하는 민들레의 속삭임도 들립니다. 아기의 귀는 시인의 귀입니다. 참으로 아름다운 어느 봄날의 풍경입니다. 한 폭의 그림 같습니다. 짧은 구절과 구절 속에 이렇게 아름다운 모습과 이야기가 숨어 있습니다. 이것이 바로 시입니다.

보기 2 직접 겪은 간절한 마음을 읊은 시

추 운 날

추운 날 혼자서
대문 앞에 서 있으면요,

지나가던 아저씨가
- 엄마 기다리니? 발 시리겠다.

지나가던 아주머니가
- 원, 저런. 감기 걸리겠다.
  집에 들어가거라.

지나가던 강아지가
- 야단맞고 쫓겨났군. 안됐다. 컹컹.

대문앞에서 친구를 기다리는
내 마음
알지도 못하고…….

팽, 팽, 팽 돌고 싶은 팽이가
내 주머니 속에서
친구를 동동 기다리는 줄도
모르고…….

(2-2 국어 읽기)

　추운 겨울 얼음판 위에서 팽이치기하는 재미는 비할 데가 없습니다. 요즘 어린이들은 그보다 썰매나 스키에 더 재미를 붙이고 있기는 하지만 팽이치기는 전신 운동도 되는 간편하고 돈 안드는 좋은 전래의 놀이입니다.
　친구와 팽이 치러 갈 약속을 한 후 주머니에 팽이를 넣고 대문 앞에서 기다리는 주인공의 마음은 급합니다. 추위가 문제가 아닙니다. 그런데 지나가는 아저씨, 아주머니, 심지어 개까지도 친구 기다리는 주인공의 마음을 몰라 주고 엉뚱한 생각으로 봐 주는 것이 안타깝습니다. 약속해 놓고 기다리는 마음 모두 겪어 봤겠지요. 이렇게 기다리는 간절한 마음도 우리 가슴 가득, 같은 생각으로 채워줄 수 있는 것이 시입니다.

> 보기 3 　직접 한 일을 중심으로 지은 시

꽃밭에 물주기

꽃밭에 물 주기
재미 나지요.

물뿌리개에 구멍이
빠끔빠끔 뚫어져서
손을 대면
참 간지럽지요.

꽃들이 간지러워
헤헤헤 웃지요.

집의 꽃밭에 물 주는 일은 요즘 흔하지 않습니다. 학교 꽃밭에 물 주는 일은 있습니다. 아니면 화분에 물 주기도 자주 합니다. 그냥 물만 주면 아무 느낌도 없습니다. 물을 왜 줍니까? 꽃이 목말라 하니까요. 물뿌리개의 뚫린 구멍으로 나오는 가느다란 물줄기에 손을 대면 간지럽습니다. 내 손이 간지러우니 그 물줄기를 맞는 꽃도 간지러울 것이라 생각합니다. 꽃도 나와 같은 말하는 친구가 되니까 말입니다. 얼마나 재미있고 아기자기한 시입니까? 이런 마음 이런 눈으로 세상을 보면 모두가 시입니다.

(2) 상상한 것을 바탕으로 지은 시

> 보기 1 　그리운 마음을 상상으로 빚은 시

까만 밤하늘
반짝이는 별나라엔
누가 살까?

작년에
하늘 나라 가신
우리 할머니
반짝반짝 살고 있겠지.

밤하늘 쳐다보며 보고 싶은 할머니가 별나라에 살고 있다고 상상해 봅니다. 우리들을 보고 싶어 눈을 크게 뜨고 반짝반짝 내려다보고 계실 것이라는 상상입니다.

| 보기 2 | 사물을 사람으로 생각하고 지은 시 |

4월

춥지?
춥지?
벗은 가지에

찬바람이 감기며
자꾸 물어도

눈 꼭꼭
입 꼭꼭 말이 없더니

대답 대신 파랗게
싹이 돋았네.

대답 대신 예쁜
꽃이 피었네.

(2-1 국어 읽기)

    찬바람이 꽃나무 가지를 자꾸 휘감아 부는 것을 '춥지?', '춥지?'라고 묻는 것으로 생각합니다. 바람도 우리들 같이 꽃나무를 안쓰럽게 생각하는 마음이 있다고 말입니다. 그 물음에 대답은 안 하고 버티고 있다가 싹이 돋고 꽃이 피어 대답 대신 했다고 생각한 것입니다. 바람이나 나무가 우리들 사람처럼 생각하고 느끼고 말할 수 있다고 여기면 참으로 많은 이야기를 나눌 수 있습니다. 그것이 곧 시입니다.

2. 형식, 표현 방법

(1) 형식

보기 1

오는 길

재잘대며 · · · · · · · · · · · · · 행 ⎫
타박타박 · · · · · · · · · · · · · 행 ⎬ 연
걸어오다가 · · · · · · · · · · · 행 ⎭

앙감질로 · · · · · · · · · · · · · 행 ⎫
깡충깡충 · · · · · · · · · · · · · 행 ⎬ 연
뛰어오다가 · · · · · · · · · · · 행 ⎭

깔깔대며 · · · · · · · · · · · · · 행 ⎫
배틀배틀 · · · · · · · · · · · · · 행 ⎬ 연
쓰러집니다 · · · · · · · · · · · 행 ⎭

(1-2 국어 읽기)

> 위 시는 3연으로 지어졌습니다. 1연은 3행씩으로 되어 있습니다.

보기 2

달 님

탱자나무 울타리에 · · · · · · · · 행 ⎫
내려앉은 · · · · · · · · · · · · · 행 ⎪
달님 · · · · · · · · · · · · · · · · 행 ⎬ 연
탱자나무 가시에 찔려 · · · · · 행 ⎪
아야! · · · · · · · · · · · · · · · · 행 ⎭

사과나무 가지에 · · · · · · · · · 행 ⎫
내려앉은 · · · · · · · · · · · · · 행 ⎪
달님 · · · · · · · · · · · · · · · · 행 ⎬ 연
사과 하나 따 먹고 · · · · · · · 행 ⎪
아이 새콤해! · · · · · · · · · · · 행 ⎭

(2-1 국어 읽기)

> 위 시는 2연 10행으로 짜여 있습니다.

(2) 표현 방법

1 빗대어 나타내기

- 둥근 달 ⇒ 쟁반같이 둥근 달

- 눈 ⇒ 샛별 같은 눈

- 동물을 사랑합시다. ⇒ 동물을 친구처럼 사랑합시다.

- 빨간 단풍잎 ⇒ 빨간 단풍잎은 아기 손바닥

- 아랫니 두 개가 뾰족하게 올라와 있었습니다.
  ⇒ 아랫니 두 개가 마치 새싹처럼 뾰족하게 올라와 있었습니다.

- 줄기를 자르면 노란 즙이 나옵니다.
  ⇒ 줄기를 자르면 아기 똥과 같은 노란 즙이 나옵니다.

- 채찍비를 얼굴에 맞으면 뺨이 얼얼합니다.
  ⇒ 채찍비를 얼굴에 맞으면 정말 채찍을 맞은 것처럼 뺨이 얼얼합니다.

- 나는 달려서 집으로 왔습니다.
  ⇒ 나는 달려서 도망치듯 집으로 왔습니다.

✳ 빗대어 나타내면 그 모습이나 행동, 느낌이 훨씬 실감나게 됩니다.

▶ 다음 낱말이나 구절을 빗대어 나타내 봅시다.

- 지우개 ⇒ _____ 지우개, _____ 지우개, 지우개는 _____

- 선생님 ⇒ _____ 선생님, _____ 선생님, 선생님은 _____

- 하얀 눈이 겨울 나무 가지를 _____ 덮고 있다.

② 꾸미는 말을 넣어 나타내기

- 하늘 ⇒ 푸른 하늘
- 얼굴 ⇒ 예쁜 얼굴
- 연필 ⇒ 다 닳아 뭉뚝해진 연필
- 물 ⇒ 따뜻한 물, 차가운 물, 뜨거운 물, 깨끗한 물
- 나무 ⇒ 잎이 다 진 겨울 나무, 키가 큰 나무, 하늘 향해 팔을 뻗은 나무
- 어머니 ⇒ 흰색 원피스에 까만 뾰족구두를 신은 어머니, 온 얼굴에 웃음이 가득한 어머니

▶ 다음 낱말이나 구절을 꾸미는 말을 넣어 나타내 봅시다.

- 겨울 ⇒ _____ 겨울, _____ 겨울, _____ 겨울
- 꽃 ⇒ _____ 꽃, _____ 꽃, _____ 꽃
- 아버지 ⇒ _____ 아버지, _____ 아버지, _____ 아버지
- _____ 동생이 _____ 놀고 있다.
- _____ 김밥을 _____ 먹었다.

3 사람으로 생각하고 나타내기 (의인화)

| 빗방울이 연못에서 동그라미를 그리고 있다. | 노란 개나리 꽃이 활짝 웃는다. |

| 가로등이 환하게 밤길을 지키고 섰다. | 이슬비에 장미꽃은 간지럽다고 고개 숙여요. |

✽   한 부분은 사람으로 생각하고 나타낸 것입니다.
이렇게 나타내면 그 안에 자기의 생각이나 느낌이 들어가게 됩니다.

▶ 다음 빈 곳에 위와 같은 방법으로 나타내 봅시다.

| 까치가 까악 까악 | 코스모스가 한들한들 |

| 네거리 신호등은 밤에도 낮에도 | 백화점 예쁜 가방이 나를 보고 말하는 것 같다. |

4 흉내내는 말로 나타내기

- 감이 열렸다. ⇒ 감이 **주렁주렁** 열렸다.

- 부엌에서 소리가 났다. ⇒ 부엌에서 **달그락달그락** 소리가 났다.

- 행주는 **쓱싹쓱싹** , 찌개는 **보글보글**

- 구름은 **뭉게뭉게** , 태극기는 **펄럭펄럭**

▶ 다음 빈 곳에 흉내내는 말을 써 봅시다.

- 교실에서는 아이들이
- 자동차가   달린다.

5 순서 바꿔 나타내기

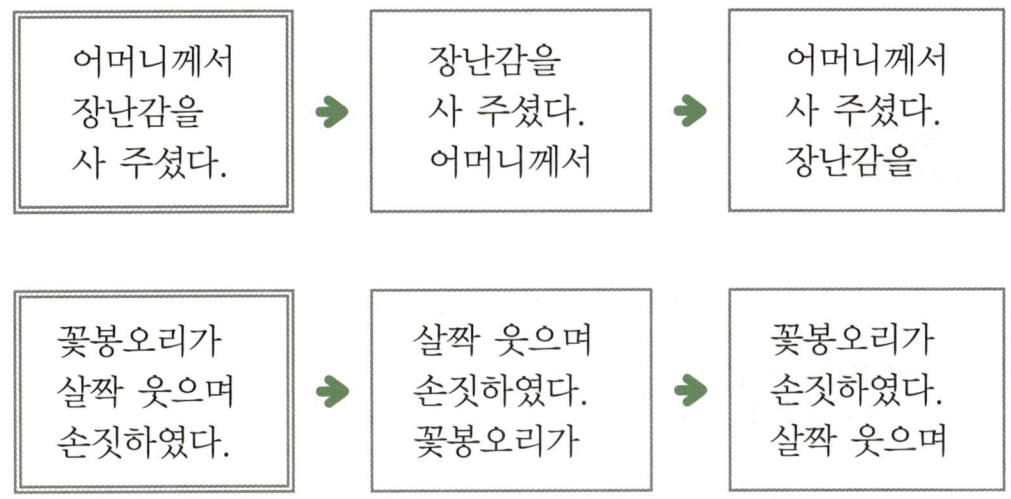

✽ 모두 다 이렇게 순서를 바꿀 수는 없지만 때로는 순서를 바꿈으로써 자기가 생각하는 것에 힘을 줄 수도 있고 시의 맛을 느끼게 할 수도 있습니다.

▶ 다음 글을 위와 같이 순서 바꿔 나타내어 봅시다.

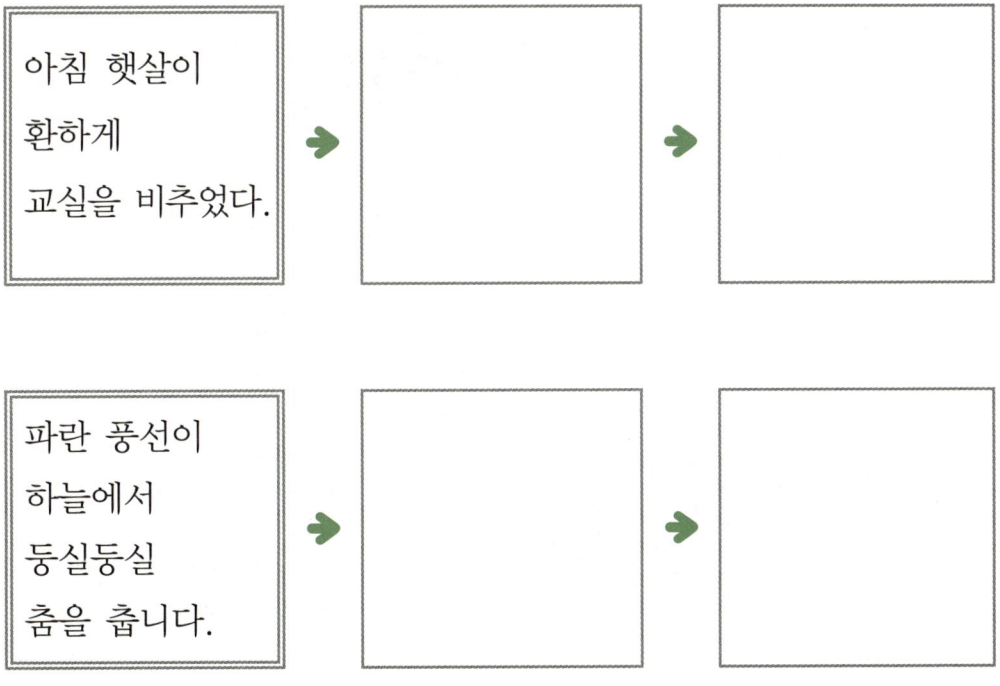

3. 좋은 시, 그렇지 못한 시

보기 1

책

나의 친구 책
책은 나의 다정한 친구

책은 나의 스승님
나는 책의 제자

책은 지식의 왕
마음을 살찌우는 양식

나의 가장 친한
친구, 책!

✽ 〈보기1〉은 지은이가 겪은 일이 아니라 모두가 아는 사실을 늘어 놓았기 때문에 재미가 없습니다.

보기 2

책

책을 폈다
심심해서

백설 공주가
예쁘게 웃으며
손짓했다

귀여운
난쟁이도 함께

나는 씩씩한 왕자가
되고 싶다

✽ 〈보기2〉는 '백설 공주'라는 책을 읽고 즐거워 하는 모습도, 그 마음도 함께 읽을 수 있어 좋습니다.

4. 남의 시 고쳐 보기

보기 1

단풍잎

아름다운 단풍잎
알록달록 단풍잎

온 산을 덮는 단풍잎은
어째서 단풍잎일까?

어디서 났는지
모르는 단풍잎

단풍잎은 정말
아름다워요.

❋ 단풍잎의 색깔이나 모양이 떠오르지 않습니다.

고친 것

단풍잎

앞산은
온통
옷 갈아입느라고
바쁘다.

산에 갔다 오는 길
주워 든
단풍잎 하나
새빨갛다.

필승 코리아
붉은 악마
응원 소리가 들리는 듯하다.

❋ 직접 겪은 일과 떠오른 생각을 눈으로 직접 보듯 나타내었기 때문에 실감이 납니다.

▶ 다음 시를 위와 같이 고쳐 봅시다.

보기 2

봄

새싹이 눈을 뜨고
아지랑이 피어 오르는
봄이 오면

나무는
장단 맞춰
춤을 추지요.

고쳐 보기

5. 제목, 주제, 글감

제목은 중요합니다. 글의 얼굴이기 때문입니다. 그래서 주제(생각)가 제목이 되기도 합니다.

〈보기〉 제목 ▶ 친구

▶ 주제 (생각) 내 짝에게 미안하다는 생각

글 감 짝과 운동장에서 싸운 뒤 집에 가서 후회하며 사과할 방법을 생각한 일

▶ 주제 (생각) 친구가 그리운 생각

글 감 2년 동안 같은 반 친구였던 명희가 전학 간 후 보고 싶어 눈물짓던 일

✷ 한 가지 제목을 보고도 여러 가지 주제(생각)를 떠올릴 수 있고 그 주제 따라 글감도 정해집니다.

▶ 다음 제목을 보고 위와 같이 주제와 글감을 찾아 적어 봅시다.

제목 ▶ 전화

▶ 주제 (생각) _____

글 감 _____

_____

▶ 주제 (생각) _____

글 감 _____

_____

6. 시 짓고 고치기

여러 가지 방법 중에서 한 가지 방법을 안내합니다.

〈보기〉 제목 ▶ 친구　주 제　친구가 그립다
　　　　　　　　글 감　전학 간 명희가 보고 싶어 눈물나던 일

▶ 문장으로 쓰기

- 혼자 집에 오는 길에 전학 간 명희가 보고 싶어졌다.
- 2년 동안 우리 둘은 그림자처럼 붙어 다녔다.
- 환하게 웃던 동그란 얼굴이 눈물 속에 떠올랐다.

▶ 시행으로 바꾸어 쓰기

혼자 집에 오는 길에
전학 간 명희가 보고 싶었다.

2년 동안 우리 둘은
그림자처럼 붙어 다녔다.

환하게 웃던 동그란 얼굴이
눈물 속에 떠올랐다.

▶ 순서 바꾸고 고치기

혼자 집에 오는 길
보고 싶었다.
전학 간 명희

우리 둘은
그림자

환하게 웃던 얼굴
동그랗게
눈물 속에 떠올랐다

▶ 지워도 될 부분 지우기

혼자 집에 오는 길에
전학 간 명희가 보고 싶었다.

2년 동안 우리 둘은
그림자처럼 붙어 다녔다.

환하게 웃던 동그란 얼굴이
눈물 속에 떠올랐다.

▶ 다음 제목을 보고 위와 같은 순서로 시를 지어 봅시다.

제목 ▶ 사진   주 제 _____

　　　　　　　글 감 _____

▶ 문장으로 쓰기

▶ 시행으로 바꾸어 쓰기

▶ 순서 바꾸고 고치기

▶ 지워도 될 부분 지우기

7. 삼행시 짓기

세 글자로 이루어진 낱말의 각 글자를 시작으로 하는 삼행시 짓기는 어디서나 언제나 필기 도구 없이도 할 수 있는 시 짓기 공부가 됩니다.

〈보기〉 주어진 낱말 ▶ 아버지

- **아** 름다운 우리집 꽃밭
- **버** 스 타고 지나가는 사람도
- **지** 나쳐 보지 않네.

▶ 태극기로 삼행시를 지어 봅시다.

- **태** _____
- **극** _____
- **기** _____

8. 시조 감상, 형식

위에서 지어 본 삼행시를 글자 수를 맞춰 잘 다듬으면 시조가 됩니다. 시조는 글자 수가 정해져 있습니다.

(1) 시조 감상

방 학

심심한 운동장은 가뭄 속에 이슬 모아
쑥부쟁이 명아주며 토끼풀 달맞이꽃
신나게 키워내느라 개학날도 잊고 있다.

방학이 되어 학생들이 없는 텅 빈 운동장이 보입니다. 여름 뜨거운 날 비가 오지 않지만 운동장 구석구석에는 갖가지 풀들이 무성하게 자라고 있습니다. 그것을 운동장이 키워낸다고 생각했습니다. 아이들이 올 개학날도 잊고 열심히 잡초들을 키워내고 있는 운동장을 그렸습니다. 운동장은 아이들이 보고 싶습니다.

우리집

세모 엄마 잔소리 묵은 김치 새콤한 맛
네모 아빠 깊은 눈빛 붕어 빵 달콤한 맛
그 틈새 우리 오누이 재롱굿이 한판이다.

위와 같은 모습은 어떤 모습인지 시조를 읽으며 머리에 그려 보고 글로 나타내어 봅시다. 그것이 감상입니다.

(2) 형식

사루비아

들깨 닮은 사루비아 초가을의 붉은 악마 ……… 초장
  3 (4)   4 (3)   3 (4)   4 (3)

교정마다 초롱초롱 웃음꽃을 달고 서서 ……… 중장
  3 (4)   4 (3)   3 (4)   4 (3)

신나는 필승 코리아 소리 없이 춤을 춘다 ……… 종장
   3   5 ~ 9   4 (3)   3 (4)

밑줄 아래 적은 숫자는 글자 수인데 (   )의 숫자도 된다는 말입니다. 종장의 □ 3은 꼭 3자이어야 하고 ──── 5 ~ 9는 5자에서 9자 이하라야 된다는 말입니다.

9. 시조 짓고 고치기

　제목, 주제(생각), 글감은 시 짓기와 같습니다. 짓는 순서와 방법은 여러 가지지만 여기서는 시 짓기와 같은 방법 한 가지만 안내합니다.

〈예〉 제목 ▶ 생일　주제 (생각)　고마운 부모님
　　　　　　　　글　　감　　생일 잔치하는 모습

■ **짧은 문장으로 나타내기** (시조니까 3개 문장으로 만듭니다)

- 아홉 개의 작은 양초가 케익 위에 환합니다.
- 노래 소리 박수 소리 온 방에 가득가득 합니다.
- 고마운 우리 부모님이 더욱 곱게 보입니다.

■ **시조로 만들기** (글자 수 맞추기)

아홉 개 작은 양초 케익 위에 환합니다
노래 소리 박수 소리 온 방에 가득가득
고마운 우리 부모님 더욱 곱게 보입니다

■ **순서 바꿔 지어 보기** (빼고 넣고 고쳐 보기)

온 방에 가득한 노래 소리 박수 소리
아홉 개 작은 양초 케익 위에 환합니다
웃음띤 우리 부모님 더욱 곱게 빛납니다

▶ 다음 제목으로 위와 같은 방법과 순서에 따라 시조를 지어 봅시다.

제목 ▶ 새 학년   주제 (생각) _____

　　　　　　　　글　　감 _____

■ 짧은 세 문장으로 나타내기

```
　・
　_____
　・
　_____
　・
　_____
```

■ 시조로 만들기 (글자 수 맞추기)

■ 순서 바꿔 지어 보기 (빼고, 넣고, 고쳐 보기)

여섯째마당

그 외의 여러 가지 글들

1. 편지

2. 알리는 글

3. 주장하는 글

1. 편지

편지는 마음을 담아 보내는 글입니다. 고마운 마음, 위로하는 마음, 보고 싶은 마음, 칭찬하는 마음, 미안해 하는 마음들을 알뜰하게 쓰면 됩니다. 편지에는 형식이 있습니다.

보기 1 보고 싶은 마음을 쓴 편지

성수에게 — 받을 사람
　노란 개나리 꽃이 곱게 피는 봄이 되었어.
그동안 잘 있었니? 나도 잘 있어. ⎤ 첫 인사
　그러고 보니 네가 전학 간 지 벌써 1년이
되었구나. 쌍둥이처럼 붙어 다니며 장난
도 많이 쳤지. 보고 싶구나. 놀러 와. ⎤ 할 말
　자주 연락하자. 안녕. — 끝 인사
　　　　　○○○○년　○월　○일 — 쓴 날짜
　　　　　　　　　민구 씀 — 쓴 사람

보기 2 고마운 마음을 쓴 편지

선생님께 — 받을 사람
　봄과 함께 새 학년이 되었습니다. 그간 안녕
하셨습니까? 저도 잘 있습니다. ⎤ 첫 인사
　지난 한 해 사랑해 주시고 잘 가르쳐 주셔서
감사합니다. 올해도 선생님 은혜 생각하며 공부
잘 하겠습니다. ⎤ 할 말
　또 소식 드리겠습니다. 안녕히 계십시오. — 끝 인사
　　　　　○○○○년　○월　○일 — 쓴 날짜
　　　　　　　제자 철희 올림 — 쓴 사람

▶ 글짓기 대회에서 상을 받은 친구에게 칭찬(축하)하는 편지를 써 봅시다.

받을 사람 —

첫 인사

할 말

끝 인사

쓴 날짜 —

쓴 사람 —

2. 알리는 글

생일 축하 모임을 하거나 학예회를 하려고 할 때 알리는 글을 보냅니다. 어른들은 초대장 혹은 초청장이라고도 합니다.

보기 1　초대

1반 친구들에게
우리 반에서 학예회를 한단다. 와서 함께 봐 주면 고맙겠어.

· 때 : 7월 10일 오후 3시
· 곳 : 2반 교실

6월 30일
2반 씀

✱ 무엇 (학예회)을 하는지, 언제 (때), 어디 (곳)서 하는지를 빠뜨리지 않아야 합니다.

▶ 자기 생일 모임에 초대하는 글을 써 봅시다.

에게
• 때
• 곳
보낸 날짜
보낸 사람

3. 주장하는 글

자기의 생각이나 의견을 남에게 내세우는 글이 주장하는 글입니다.

보기 1

책을 많이 읽읍시다. ──────── 의견
책을 많이 읽으면 아는 것이 많아집니다.
또 재미도 있고 즐겁습니다. 위인도 만날 수 ─ 이유
있고 동화 속 주인공도 만날 수 있습니다.

✽ 남에게 자기 생각이나 의견을 말할 때는 그 까닭(이유)을 함께 말해야 합니다.

보기 2

횡단 보도로 건넙시다. ──────── 의견
건너는 사람이 안전합니다. 차들도 마음놓고 ─ 이유
달릴 수 있습니다.

▶ 친구들에게 주장하고 싶은 것을 생각해 보고 위와 같이 의견과 까닭을 써 봅시다.

1. 원고지 쓰기

> 원고지에 직접 쓰거나 워드로 작성할 때 원고지 쓰는 법에 맞게 해야 합니다.

(1) 한 칸에 한 자씩 씁니다. (예1)

- 문장 부호(· , ! ? " " ' ' 등)도 한 글자로 처리합니다.
- 줄표(-), 말줄임표(……)는 두 칸에 걸쳐 씁니다.
- 아라비아 숫자(1,2,3,…)와 영어 알파벳 소문자는 한 칸에 두 자씩 씁니다. 대문자와 로마자는 한 칸에 한 자씩 씁니다.

(2) 띄어쓰기 할 때는 한 칸을 비웁니다. (예2)

- 띄어 쓸 칸이 왼쪽 맨 첫 칸이면 띄우지 않습니다.
 (바로 윗줄 오른쪽 끝에 ∨표시)
- 오른쪽 맨 마지막 칸에서 문장이 끝날 때는 마지막 글자 옆에 온점을 찍습니다.

(3) 제목과 이름 쓰기 (예3)

- 제목은 둘째 줄 가운데에 씁니다.
- 학교와 이름은 제목 아래 한 줄을 비우고 씁니다.

(4) 본문 쓰기 (예4)

- 이름 다음 줄을 비우고 그 다음 줄 첫 칸을 비우고 쓰기 시작합니다.
- 형식 문단이 시작될 때마다 첫 칸을 비웁니다.

예 1

한	다	.	그	래	서	,								
무	엇	인	가	?										
이	를		어	쩌	랴	!								
"	너	는		뭐		하	느	냐	?	"				
20	07	년		5	월		19	일						
이	것	은		—	—									
이	러	면		안	되	는	데	…	…					
'	갈	까		말	까	'								

예 2

하	늘	이		맑	다	.	구	름	도		한		점		없	는	데	다
바	람	마	저		없	다	.											
	눈	이		내	려		온		천	지	가		하	얗	게		변	했	다.

예 3

						위	대	한		장	군						
								대	한		초	등		학	교		
										6	-	1		홍	길	동	
														사	공	신	가능
	고	향	에	는		할	머	니	가		홀	로		이		황	

90

예 4

```
   버스가   오기를   기다리는   엄마는   아무
말이  없었다. 나도   할  말이  없어서   그
냥  멀거니  뽀얀  길만   바라보고   있었다.
꽤나  오랜  시간이   지났다.
   그때  마침  저  멀리서   버스가   모습을
나타내었다.
   "엄마, 버스  저기   와요."
   나는  소리치며   서둘러   짐을  들었다.
엄마는  말없이  나를   따라  버스에   올랐
다.
```

(5) 원고지에 정서한 후에도 교정부호를 써서 고칠 수 있습니다.

기 호	뜻	보 기
○	글자를 고칠 때	동㉠ 물과 백두산이 (해)
♂	글자를 뺄 때	마르㉡고 닳도록
∨	띄어 쓸 때	우리∨나라∨만세
⌒	붙여 쓸 때	무궁 화 삼천 리
∨	글자를 끼워 넣을 때	대한로 길이 보전 (은)
⌐	글자를 오른쪽으로 옮길 때	가을 하늘은
∽	순서를 바꿀 때	달은 밝은 우리 가슴
⌐┘	줄을 바꿀 때	연기가 올랐다. 봉화대에서

2. 잘못 쓰기 쉬운 낱말

1) 잃다 와 잊다

생각이 나지 않는 것은 '잊다'이고
없어져서 못 찾는 것은 '잃다'이다.

> 보기
> - 수돗가에서 시계를 잃어 버렸다. (잃다)
> - 선생님께서 내어 주신 숙제를 깜박 잊었다. (잊다)

2) 낫다 와 낳다, 나다

병이 완쾌됨은 '낫다', 이것은 저것보다 우수하다는 뜻으로
'낫다'를 사용한다. 출산은 '낳다', 싹트는 것은 '나다'이다.

> 보기
> - 할아버지의 감기가 다 나으셨다. (낫다)
> - 형보다 아우의 그림이 더 낫다. (낫다)
> - 우리집 십자매가 알을 두 개 낳았다. (낳다)
> - 봉숭아 씨앗을 심었더니 오늘 파란 싹이 났다. (나다)

(3) 틀리다 와 다르다

'틀리다'는 맞다의 반대로, '다르다'는 같다의 반대로 쓰인다.

> 보기
> - 어제 본 국어 시험에서 나는 두 문제가 틀렸다. (틀리다)
> - 내 생각은 네 생각과 크게 다르다. (다르다)

(4) 바라다 와 바래다

희망하는 것은 '바라다'이고 색깔이 희미해지는 것은 '바래다'이다.

> 보기
> - 우리 아버지가 건강해지시기를 나는 간절히 바라고 있다.(바라다)
> - 할머니 남색 치마가 뿌옇게 바래었다. (바래다)

(5) ~든지 와 ~던지
~던지는 과거를 말할 때 쓴다.

> 보 기
> - 어젯밤 숙제를 했던지 기억이 나지 않는다.
> - 뭐든지 먹고 싶다.

(6) ~으로써 와 ~으로서
~으로써는 '방법'을, ~으로서는 '자격'을 뜻할 때 쓴다.

> 보 기
> - 믿음으로써 지켜온 우정이다.
> - 학생으로서 해서는 안 될 일이다.

(7) 다치다 와 닫히다
- 장난을 치다가 손을 다치다.
- 문이 저절로 닫히다.

(8) 맞히다 와 맞추다
- 정답을 맞히다
- 화살로 과녁을 맞추다

(9) 볼 거리 와 먹을 거리
　보다, 주다, 쓰다 등 받침이 없는 것은 볼 거리, 줄 거리, 쓸 거리로 말하지만 먹다, 적다(기록), 읽다 등 받침이 있는 것은 먹을 거리, 적을 거리, 읽을 거리로 말하고 써야 합니다.
(먹거리, 적거리, 읽거리는 안 됨)

(10) 나르다 와 날다
- (짐을) 나르다 → 나르고, 나르니, 날라서…
- (새가) 날다 → 날고, 나니, 날아서 …

(11) 섞다 와 썩다
- 섞다 → 섞어서, 섞으면, 섞으니 (혼합하다)
- 썩다 → 썩어서, 썩으면, 썩으니 (부패하다)

(12) 이 와 이빨
- 높임말 → 치아
- 낮춤말 → 이빨

(13) 않~ 과 안~
- 않은(아니한의 준말) → 일하지 않은 사람은 먹지 말아라
- 안 (아니의 준말) → 그런 일은 안 한다.

(14) 느리다, 늘이다, 늘리다
- 느리다 → 속도가 느리다
- 늘이다 → 고무줄을 길게 늘이다
- 늘리다 → 생산량을 늘리다

(15) 반드시 와 반듯이
- 반드시 → 꼭 (약속을 반드시 지켜야 한다.)
- 반듯이 → 똑바로(고개를 반듯이 들어라)

(16) 부치다 와 붙이다
- 부치다 → 편지를 부치다. 빈대떡을 부치다.
- 붙이다 → 우표를 붙이다. 불을 붙이다. 취미를 붙이다.

(17) 장이 와 쟁이
- ~장이 → 기술자(미장이, 유기장이 등)
- ~쟁이 → 기술자 외는 쟁이(소금쟁이, 담쟁이, 욕심쟁이, 멋쟁이)

(18) 시키다 와 식히다
- 시키다 → 일을 시키다.
- 식히다 → 끓인 물을 식히다.

(19) 안치다 와 앉히다
- 안치다 → 밥을 안치다.
- 앉히다 → 윗자리에 앉히다.

(20) 이따가 와 있다가
- 이따가 → 이따가 오너라.
- 있다가 → 돈은 있다가도 없다.

(21) 절이다 와 저리다
- 절이다 → 김장 배추를 소금에 절이다.
- 저리다 → 다친 다리가 저리다.

3. 틀리기 쉬운 낱말

( )속의 낱말도 함께 쓰인다. 표준어가 아닌 낱말 뒤에는 ×를 하였다.(가나다순)   ✱ 의문 나면 사전 찾기

가물(가뭄)	담쟁이
가엾다(가엽다)	댓돌(섬돌,툇돌)
강낭콩(강남콩×)	더욱이
겸연쩍다	돌(돐×)
골짜기(골짝)	동네(마을)
곳간	된장찌개
귓속말(귀엣말)	뒤뜰(뒷마당)
그물눈(그물코)	떡볶이
글귀(글구×)	뚜껑(덮개)
금세(금새×)	멋쟁이(멋장이×)
깊숙이	메아리(산울림)
깔보다(깐보다)	며칠(몇일×)
꼬까신(고까신)	목걸이
꼭두각시(꼭둑각시×)	무심코
나무라다(나무래다×)	뭇매(몰매)
남빛(쪽빛)	미루나무(미류나무×)
냄비(남비×)	미장이
넝쿨(덩쿨)	바짓가랑이
녹슬다	발가숭이(발가송이×)
놓치다	발뒤꿈치
눈썹	발짓(발길)
늑장(늦장)	버들강아지(버들개지)

95

보조개(볼우물)	우레(천둥)
봉숭아(봉선화)	위층(웃층×)
부닺치다	윗녘(웃녘×)
비로소(비로서×)	윗집(웃집×)
빛깔(색깔)	일꾼
뻗치다	일찍이
사거리(네거리)	자두(오얏×)
사글세	자물쇠(자물통)
사마귀(버마재비)	제가끔(제각기)
삽살개(삽사리)	제비꽃(오랑캐꽃)
설거지	조리개
셋방	차차(차츰)
소갈머리(소갈딱지)	찻잔
소낙비(소나기)	채소밭(남새밭)
수캐	책씻이(책거리)
수탉	초승달(초생달×)
수퇘지	케케묵다(켸켸묵다×)
숫자	타작(바심)
쌍소리(상소리)	턱받이(턱받기×)
쓰레받기	뒷간
아기(애기×)	하마터면
아지랑이	하여튼
안팎	한사코
암탉	허우대(허위대×)
애벌레	호루라기(호루루기×)
오뚝이	회오리바람(용숫바람)
옥수수(강냉이)	횟수
요새	흠집(험집×)